DIE REIHE
Archivbilder

MERZENICH

D1718864

Bei Ausgrabungen in Merzenich bargen Archäologen aus einer bandkeramischen Großsiedlung ein 7.000 Jahre altes, etwa 5,5 Zentimeter großes Tonköpfchen. Diese kleine Figur hat einen kahlen Schädel, kleine Ohren, Stupsnase, Knopfaugen und erhielt von den Archäologen den Namen „Anton". Sie muss als wichtiger und bedeutender Fund aus der Zeit der Bandkeramik im Rheinland angesehen werden.

DIE REIHE
Archivbilder

MERZENICH

Therese Meyer, Paul Bergsch, Heinrich Geich,

Günter Kirstein und Heinz Welsch

SUTTON
VERLAG

Der Droschkenkutscher Gustav Hartmann, bekannt als „Eiserner Gustav", unternahm im Jahre 1928 eine Fahrt mit Pferd und Wagen von Berlin nach Paris, um gegen die zunehmende Motorisierung zu protestieren. Auf seiner Rückreise machte er Halt an der Merzenicher Gaststätte „Schöne Aussicht". Auf dem Foto sitzt er mit Dürener Kollegen zusammen, die ihn durch Düren begleitet hatten.

Sutton Verlag GmbH
Hochheimer Straße 59
99094 Erfurt
www.suttonverlag.de

Copyright © Sutton Verlag, 2010
ISBN: 978-3-86680-580-4
Druck: Druckhaus „Thomas Müntzer" | Bad Langensalza

Inhaltsverzeichnis

Dank an alle Leihgeber

Das Archivteam des Geschichts- und Heimatvereins Merzenich e.V. bedankt sich bei allen Bürgerinnen und Bürgern von Merzenich und bei der Firma RWE Power (vormals Rheinbraun AG) sowie der Fa. Martin Archäologie + Umwelttechnik GmbH, die dem Geschichts- und Heimatverein Merzenich e.V. ihre Fotografien zur Verfügung gestellt haben.

Bildnachweis

Fa. Martin Archäologie + Umwelttechnik GmbH, 14532 Stansdorf: Seite 2.

Alle anderen Abbildungen stammen aus dem Archiv des Geschichts- und Heimatvereins Merzenich e.V.

Vorwort

Merzenich liegt direkt am östlichen Stadtrand von Düren in der rheinischen Tiefebene und wird von der Elle durchflossen.

Die Ursprünge der Gemeinde Merzenich reichen in die Zeit um 5090 bis 5050 vor Christus zurück. Jüngste Ausgrabungen aus dem Jahre 2009 brachten 64 Häuser zutage, die auf eine der bedeutenderen Siedlungen der Jungsteinzeit im Rheinland hinweisen. Der außergewöhnlichste Fund war ein Tonkopf aus der Steinzeit, der etwa 7.000 Jahre alt ist.

Der Ortsname Merzenich wird abgeleitet vom lateinischen „Martiniacum" (= Heim des Martinus). Schon in der Römerzeit war die Stadt ein wichtiger Verkehrsknotenpunkt zwischen Aachen und Köln.

Zum ersten Mal erwähnt wird Merzenich in einer Urkunde des Grafen Otto von Neuenahr aus dem Jahre 1225. Im Jahre 1314 beurkundete König Ludwig von Bayern auf dem Rückweg von Aachen die Villa Merzenich.

Seit der kommunalen Neugliederung am 1. Juli 1969 besteht die Gemeinde aus den vier Ortsteilen Merzenich, Golzheim, Girbelsrath und Morschenich.

Golzheim wurde erstmals am 28. November 1015 in den Urkunden der Erzbischöfe von Köln erwähnt.

Girbelsrath wurde 1382 an den Erzbischof von Köln abgetreten. In der Urkunde wird das Dorf als Gerbrätzräude bezeichnet.

Morschenich wurde erstmals 1158 als Morsaz genannt. Hier gab es von 1939 bis 1955 eine Großversuchsanlage mit dem Ziel, Braunkohle im Untertagebau abzubauen. Dieser Versuch war unrentabel und mit bergbautechnischen Schwierigkeiten verbunden. Der Ort muss ab dem Jahr 2015 dem Braunkohletagebau weichen, die Einwohner werden mit ihrem gesamten Hab und Gut umgesiedelt.

Heute unterhält die Gemeinde Merzenich ein Heimatmuseum, das im Engelen-Hof, einem alten Bauerngehöft aus dem Jahre 1688, untergebracht ist. Der alte Vierseithof wurde zunächst von einzelnen Mitgliedern des Geschichts- und Heimatvereins Merzenich mühevoll restauriert und am 5. Juni 1988 feierlich eröffnet.

Für diese aufwendigen Arbeiten verlieh der Landschaftsverband Rheinland der Arbeitsgruppe des Merzenicher Geschichts- und Heimatvereins am 12. September 1989 den Rheinlandtaler. Heute steht die gesamte Anlage unter Denkmalschutz.

Im Museum sind drei Räume – Küche, Schlaf- und Wohnzimmer – mit Originalmöbeln und Zubehör, eine Backstube, eine Räucherkammer, eine Schusterei, eine Schmiede und eine noch heute funktionsfähige Kornmühle aufgebaut. Alle Einrichtungsgegenstände sind Leihgaben von Merzenicher Bürgerinnen und Bürgern. Sie werden gelegentlich noch heute in Betrieb genommen.

Der Geschichts- und Heimatverein ist besonders stolz auf seine vielfältigen Ausstellungen und seine großen Frühjahrs-, Handwerker-, Herbst- und Weihnachtsmärkte, die im Jahresrhythmus im Museum veranstaltet werden.

Ein weiterer Schatz des Geschichts- und Heimatvereins ist das umfangreiche Archiv, das mehr als 5.000 Fotos, antiquarische Bücher und Gegenstände, die teilweise über 100 Jahre alt sind, umfasst.

Das Heimatmuseum und das Archiv werden ausschließlich von engagierten ehrenamtlichen Helfern betreut.

Das Archivteam des Geschichts- und Heimatvereins Merzenich e.V.
im Januar 2010

Das Heimatmuseum des Geschichts- und Heimatvereins Merzenich. e.V.

1

Straßen und Gebäude

Der Gasthof Wilh. Barbier in Golzheim an der Ecke Lindenstraße und Kirchstraße (heute Aachener Straße/Ecke Buirer Straße) im Jahre 1926. Hier war auch eine Haltesstelle der Buslinie von Düren nach Köln.

Das ehemalige Wohn- und Gesindehaus der Burg Merzenich im Jahre 1951. Das Bogentor war die Zufahrt zum Burghof.

Das Foto der Wallstraße aus dem Jahre 1956 zeigt von rechts das Lebensmittelgeschäft Rothkopf und die Häuser Knipprath, Spohr, Lehnen, Kurth und Schallenberg.

Die Lindenstraße im Jahre 1955 mit den Häusern Hermanns (heute Lindenapotheke) und Hamacher. Rechts sieht man den Hof Coenen, das Haus Esser und den Hof Lüttgen (heute Autowerkstatt Drehsen) und mehrere Häuser Lüttgen.

Die Hofanlage Römer aus dem Jahre 1708 befand sich am Ende der Lindenstraße. Heute ist hier eine kleine Parkanlage.

Die Gaststätte „Schärpe Eck" an der Dürener Straße im Jahre 1960. Eröffnet wurde sie ursprünglich unter dem Namen „Geich". Gegenüber befand sich eine Haltestelle gleichen Namens der Straßenbahn von Düren nach Nörvenich.

Das Haus Neiße an der Dürener Straße mit Scheune und Stall. Heute steht hier ein moderner Wohn- und Geschäftsblock.

Der südliche Eingang der alten Kirche um 1920. Es dürfte sich hierbei um das älteste noch vorhandene Gebäude in Merzenich handeln. Erstmals wurde die Kirche im 13. Jahrhundert im „Liber valoris" ausdrücklich genannt, vieles spricht jedoch dafür, dass sie wesentlich älter ist. In den 1950er- und 1960er-Jahren legte die Gemeinde einen Ehrenfriedhof an und renovierte die Ruine.

Die St.-Laurentius-Kirche im Jahre 1929 von der Südseite – vom „Kirchenpäddchen" – her gesehen. Die beiden Spitztürme wurden im Zweiten Weltkrieg zerstört.

Die Kolonialwarenhandlung und Schuhma-
cherei Josef Heidbüchel an der Bergstraße um
1910.

Das Gasthaus „Zum deutschen Kaiser" von
Johann Lauscher in der Bergstraße im Jahre
1911. Vor dem Haus stehen Johann Lauscher,
sein Geselle, ein Dienstmädchen und sein
Sohn Johannes.

Der Wasserturm an der Mühlenstraße im Jahre 1946. Peter von Berg, Rentmeister des Herzogtums Jülich, ließ ihn 1608 als Windmühle erbauen. Links ist der Behelfsweg für Fußgänger über die Straßenbahnlinie zu sehen. Der Steg wurde 1945 von Karl Merk mit Gerüststangen und Brettern gebaut, da die Straßenbrücke zerstört war.

Die Schmiede Johnen am Lindenplatz im Jahre 1915. Ganz rechts steht der Inhaber Johann Johnen.

Der Lindenplatz im Jahre 1965 mit den beiden Häusern Kley.

Der Lindenplatz einige Jahre später mit dem Haus Recht (früher Kley) und der Sparkasse. Im Hintergrund ist der Turm der alten Kirche zu sehen.

Die Ostseite der Kirche von Golzheim im Jahre 1920.

Der Altarraum der Kirche von Golzheim, aufgenommen 1937. Unter den Fenstern sind Malereien zu sehen, die in den 1920er-Jahren angebracht wurden.

Im Januar 1942 mussten auch in Golzheim zwei Glocken zur Rüstungsproduktion abgegeben werden. Sie wurden vom Küster und Organisten Peter Rubel und seinem Sohn Josef verabschiedet.

Am 18. Dezember 1955 erhielt die Kirche zwei neue Glocken, gestiftet von den Familien Krapp und Schnock-Diefenthal. Sie wurden festlich geschmückt auf einem Ackerwagen durch das Dorf gefahren.

Der Dorfweiher befand sich an der Lindenstraße (heute Aachener Straße) am Ortseingang von Golzheim aus Richtung Düren. Die Postkarte stammt aus dem Jahre 1915.

Die Gartenseite der Ahrburg im Jahre 1925. Sie war Sitz der Kaltblut-Pferdezucht von Josef Zilcken.

Das Vereinsheim und Turnhalle des Turnvereins 1885 Golzheim in der Schützenstraße (heute St.-Sebastianus-Straße), aufgenommen 1963. Durch Schenkung eines großen Grundstücks um 1955 und Eigenleistung der Vereinsmitglieder konnte die Halle errichtet werden.

In ganz Golzheim herrschte im Jahre 1963 Hochwasser! Schuld daran war das Oberflächenwasser der Schneeschmelze. Rechts sieht man die Häuser Anton und Wilhelm Förster, hinten den Wasserturm und links den Hof Hecker.

Der Wasserturm in Golzheim im Jahre 1950. Er wurde 1911 errichtet.

Ende Oktober 1964 wurde der Wasserturm, das ca. 40 Meter hohe Wahrzeichen der Gemeinde Golzheim, gesprengt.

Die Hauptstraße in Girbelsrath im Jahre 1910. Vor dem Haus steht Maria Odenhoven mit ihren Kindern.

Eine weitere Ansicht der Hauptstraße in Girbelsrath aus dem Jahre 1920. Links sind die Ecke des Geschäftes Neulen, die Gasse Wurm und das Haus Hochgürtel zu sehen. Gegenüber erkennt man die Bäume vor der Kirche und die Häuser Oepen und Reimer.

Restauration, Bäckerei und Handlung
Wilh. Neulen

Diese Aufnahme, ebenfalls aus dem Jahre 1920, zeigt die Hauptstraße in Girbelsrath aus einer anderen Perspektive. Links erkennt man den Platz vor der Kirche und das Haus Oepen. Rechts sind das Haus Hochgürtel, die Gasse Wurm und das Geschäft Neulen zu sehen.

Vor dem Geschäft Neulen, in dem auch die Poststelle untergebracht war, stehen Joseph von den Driesch, Wilhelm und Maria Neulen und rechts deren Hausgehilfin.

Der 1905 erbaute Wasserturm in Girbelsrath in der Gartenstraße (heute Dechant-Fabry-Straße) im Jahre 1920. Nach der teilweisen Zerstörung im Zweiten Weltkrieg konnte er vorläufig repariert und 1949 wieder in Betrieb genommen werden. Die Reparaturarbeiten wurden im Jahre 1953 endgültig abgeschlossen. 1962 wurde der Wasserturm dann gesprengt.

Ebenfalls im Jahre 1905 wurde die Pumpstation für den Wasserturm in der Nähe des Ellbaches erbaut. Im Juni 1976 wurde sie durch Brandstiftung zerstört.

Die Schmiede Rütten an der Ellener Straße in Morschenich im Jahre 1912. Noch heute ist die Einrichtung der Schmiede im Originalzustand vorhanden.

Das Geschäft Lothmann an der Oberstraße in Morschenich im Jahre 1928. Vor dem Geschäft steht Gertrud Lothmann mit ihren Kindern Josef und Jetti.

Die Schule in Morschenich im Jahre 1950. Das Gebäude wurde 1852 errichtet. Nach Fertigstellung der neuen Schule an der Ellener Straße im Jahre 1962 ging das Gebäude in Privateigentum über.

Blick auf die Poststelle an der Oberstraße, um 1970.

Das Haus Olbertz am Bergfeldchen im Jahre 1911. Vor dem Haus stehen die Haushälterin Eva Jakobs sowie Sibylle und Heinrich Olbertz.

Die Tankstelle hinter dem Haus Meyer an der Unterstraße im Jahre 1970.

Während des Zweiten Weltkriegs wurde in Morschenich mit dem Versuch begonnen, Braunkohle im Untertagebau abzubauen. Im November 1942 begann die Bohrung von Schacht 1. Das Bild zeigt den provisorischen Turm für die allererste Bohrung.

Im Jahre 1952 waren der Förderturm und das Maschinenhaus fertiggestellt.

Im Vordergrund sind die Seile des Förderkorbes zu erkennen, der die Mannschaft in den Schacht 1 vor Ort brachte.

Der Ausbau einer Strebverzweigung im Schacht 1.

Im Jahre 1947 begann man mit den Bohrungen für Schacht 2, die 1953 abgeschlossen wurden. Das Foto aus dem Jahre 1952 zeigt den Aufbau eines neuen Förderturmes für den Schacht 2.

An der Kohletransport- und Kohlebrechanlage wurden auch Lkw zum Abtransport der Kohle beladen. Das Ende der Versuchsanlage, die eine bergtechnische Glanzleistung war, nahte im Jahre 1955, obwohl täglich bis zu 10.000 Tonnen Kohle gefördert wurden.

2

Bäuerliches Leben

Zum Mähen und Binden von Getreide wurden sogenannte Selbstbinder eingesetzt, wie dieses Foto aus dem Jahre 1935 zeigt. Auf dem Selbstbinder, der von einem Dreier-Pferdegespann gezogen wird, sitzen Johann und Franz Geuenich.

Wer hart arbeitet, darf auch einmal Pause machen. Das Bild aus dem Jahre 1918 zeigt, dass bei der Ernte alle helfen mussten. Auch russische Kriegsgefangene wurden als unfreiwillige Landarbeiter eingesetzt.

Die Frauen Dahmen, Kaiser und Geuenich waren im Jahre 1930 Helferinnen bei der Flachsernte an der Kölner Landstraße. Das Binden der Flachsgarben war damals noch Handarbeit.

Auf dem Hof Vaaßen gab es 1923 einen Selbstbinder zum Mähen und Binden von Getreide. Er wurde von einem Dreier-Pferdegespann gezogen.

Aufgestellte Getreidegarben dienten Jakob Nießen als Hütte. Das Foto stammt aus dem Jahre 1937.

Das Foto aus dem Jahre 1934 zeigt einen für die Landwirtschaft typischen Leiterwagen mit einem Zweier-Pferdegespann auf dem Feld des Hofes Hahn. Auf dem Pferd sitzt Johann Fuß und vor dem Leiterwagen stehen August und Engelbert Hahn.

Lambert Jülich und Josef Stollenwerk laden zusammen mit zwei Erntehelfern im Jahre 1933 Getreidegarben auf einen Leiterwagen.

Ab den 1930er-Jahren wurde auch auf der Ahrburg die landwirtschaftliche Arbeit durch Maschinen erleichtert. Zum Pflügen setzte man eine Dampfantriebsmaschine ein.

Auch beim Dreschen auf dem Feld wurde nun Maschinenkraft eingesetzt. Auf dem Foto von 1930 werden eine Dreschmaschine und eine Strohpresse von einer Lokomobile angetrieben. Rechts an der Lokomobile steht der Dreschmaschinenbesitzer Wilhelm Nolden aus Morschenich.

Peter Esch betrieb bereits im Jahre 1913 eine Dampflokomobile zum Antrieb einer Dreschmaschine zum Dreschen von Getreide in Scheune oder Hof.

Jahrzehnte später wurden für die Getreideernte modernste Maschinen eingesetzt, die mehrere Arbeitsgänge gleichzeitig und schneller erledigten. Karl Tiedke bediente den Claas-Mähdrescher von Landwirt Kley.

Die Garben wurden mit langstieligen Gabeln auf den Leiterwagen hochgebracht und gestapelt. Mit einem Zweier-Pferdegespann brachte man die Ernte anschließend zum Dreschen auf den Hof. Nach getaner Arbeit stellten sich die Erntehelfer zum Foto auf.

Der Festumzug zum Erntedankfest führte im Jahre 1940 über die Lindenstraße.

Die Erntehelfer wurden mit einem Leiterwagen auf das Feld gebracht.

Laurenz Hamacher, genannt „Walze Löhr", mit Pferd und Karre auf dem Valdersweg vor dem Rathaus. Er betrieb nach dem Zweiten Weltkrieg in Merzenich mit seinem Pferdegespann die Müllabfuhr.

Der Lanz Ackerschlepper mit Eisenrädern steht vor der gefüllten Feldscheune Vaaßen am Weidenkopf.

Die frisch geernteten Zuckerrüben wurden mit der Rübengabel auf den Wagen geladen.

Im Jahre 1939 passierte dieses Gespann die Aachener Straße in Golzheim. Das Bild entstand direkt vor der Gaststätte Fritz Filz.

Die Scheune von Landwirt Heinz Kley brennt! Das Unglück ereignete sich im Jahre 1970.

3

Kirchliches Leben

Am Weißen Sonntag 1949 kamen die Kommunionskinder in Zweierreihen aus der Kirche in Golzheim.

Cäcilia Jöntgen mit ihrer Tante Elisabeth Jöntgen bei ihrer Erstkommunion im Jahre 1918. Die Mädchen trugen bis in die 1930er-Jahre zu diesem Festtag noch schwarze Kleidung.

Im Jahre 1918 feierte das Kommunionspaar Gertrud Reimer und Lena Krischer die erste heilige Kommunion. Beliebte Geschenke waren Heiligenbilder, Hortensien und Pralinen. Zur damaligen Zeit kamen sonntags meistens die Verwandten und montags die Nachbarn zu Kaffee und Kuchen.

Maria Diening und Gertrud Ollig im Jahre 1922 bei ihrer Erstkommunion.

Heinz-Josef Frinken und Matthias Krings hatten 1935 ihre Erstkommunion. Die typische Kleidung der Jungen waren Matrosenanzüge mit kurzen Hosen, schwarzen Strümpfen und hohen Schuhen.

Klara Geratz und Sophie Bernards am Weißen Sonntag 1937.

Das Gruppenbild zeigt die Kommunionskinder aus Golzheim im Jahre 1949.

Die Heirat war früher immer der erste Schritt zur offiziellen Gründung einer Familie. Nicht in Weiß, wie heute, sondern im schwarzen Kleid ging die Braut zum Altar. Auf dem Foto sieht man Franz und Maria Engels, geb. Kurtscheidt, bei ihrer Hochzeit im Jahre 1902.

Ebenfalls in festlicher Hochzeitsgarderobe sieht man Hubert und Sibylle Nießen, geb. Kley, im Jahre 1907.

Im Jahre 1913 heirateten Josef und Katharina Müller, geb. Pinell. Fast so aufregend wie die Hochzeit war der Termin beim Fotografen. Stolz präsentierten sie sich vor der Kamera.

Die Hochzeit von Heinrich und Cäcilie Kurth, geb. Ollig, fand im Jahre 1932 statt. Nach dem Ersten Weltkrieg trug die Braut anstelle des schwarzen nun immer öfter ein weißes Brautkleid.

Selten fand in Merzenich eine Hochzeit statt, bei der Brautpaar und Hochzeitsgäste ein Ochsen-
gespann mit einem „Kremser" für die Fahrt vom Haus der Braut zur Kirche und zurück benutzten.
Üblich war noch, wie in alten Zeiten, ein echter Erntewagen, doch hatte man hier anscheinend
etwas Bange vor Regen. Jedenfalls gab diese Hochzeitsfuhre ein originelles Bild ab.

Soldatenhochzeit im Kriegsjahr 1943 von Peter und Cilli Mohren, geb. Braun. Links steht Josefine
Hamboch mit Hans Peter Mohren, rechts sieht man die beiden Trauzeugen und das Blumenkind.

Die Hochzeit von Vincenz und Mia Müllenmeister, geb. Cossmann, im Jahre 1946.

Im Jahre 1964 heirateten Konrad und Marlene Oepen, geb. Thönnes.

Vor dem geschmückten Haus der Familie Wallraff stellten sich die Gäste des Goldhochzeitpaares Christian und Sofie Wallraff zum Gruppenfoto auf.

Die Goldene Hochzeit der Eheleute Peter und Katharina Vaaßen im Jahre 1952. Unter den Gästen war auch der Schützenkönig Engelbert Johnen.

Der Sarg mit der verstorbenen Magdalene Diening war im Hof von Haus Diening an der Schützenstraße aufgestellt. Bis in die 1960er-Jahre wurden die Verstorbenen zu Hause aufgebahrt. Eine Leichenhalle gab es in Merzenich noch nicht; sie wurde erst 1962 gebaut.

Der Sarg mit dem verstorbenen Ortspolizisten von Merzenich, Hermann Steinke, wurde mit der Leichenkutsche über den Valdersweg zum Friedhof gefahren. Die Trauergäste begleiteten den Zug.

Zur Fronleichnamsprozession wurden an verschiedenen Stationen Altäre errichtet, wie hier im Jahre 1938 vor dem Hof Hoven an der Oberstraße neben der Kirche. Die Prozession hielt hier an. Nach Gebeten und Gesängen erteilte der Priester mit der Monstranz den Segen.

Der Aufbau der Altäre veränderte sich im Laufe der Jahre, wie dieses Foto aus Girbelsrath aus dem Jahre 1965 zeigt.

Den Prozessionsweg schmückten die Anwohner mit Teppichen aus Blütenblättern oder mit buntem, zu Mustern zusammengefügtem Sägemehl.

Fronleichnamsprozession in Merzenich vom Poolplatz zum Weinberg im Jahre 1956.

Diese Pilger aus Girbelsrath zogen im Jahre 1935 in Kevelaer ein.

Auch im Kriegsjahr 1942 fand die Wallfahrt der Girbelsrather nach Kevelaer statt. Mit dabei war Pfarrer Wilhelm Fabry.

Auf der Pilgerprozession in Kevelaer im Jahre 1952 trugen Mädchen eine Madonnenfigur.

Im Jahre 1953 wurde die Pilgerprozession von Messdienern mit Fahnen angeführt.

4

Vom Kleinkind zum Schulkind

Die Brüder Josef, Willi und Toni Moll aus Golzheim im Jahre 1924.

Josef Müllenmeister aus Golzheim im Jahre 1948 im Kinderwagen.

Im Jahre 1941 genoss Hans Peter Mohren in seinem Kinderwagen im Garten Mohren an der Dürener Straße die ersten Sonnenstrahlen.

Während Johannes Schüller in seinem Sportkinderwagen gefahren wurde, ...

... schob Inge Kurth ihren Sportkinderwagen
selbst.

Stolz präsentierte sich Peter Weber im Jahre 1939, fein zurechtgemacht, dem Fotografen.

Die Mutter Maria Heyer mit Sohn Arnold und Tante Ina zeigten 1939 stolz ihre Kinderwagen.

Uli Könsgen suchte im Sommer 1953 Abkühlung bei einem erfrischenden Bad in der Zinkwanne.

Matthias Werres im Kinderwagen, Modell 1927, mit seiner Schwester Elisabeth.

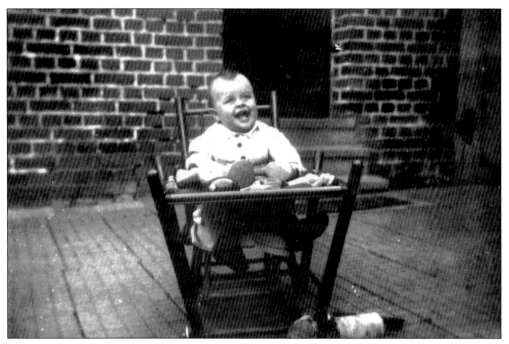

Die Beschäftigung mit seinen Spielsachen machte Jakob Klosterhalfen im Jahre 1941 sichtlich Freude.

Stolz fuhr Jakob Klosterhalfen bereits drei Jahre später auf seinem Dreirad.

Gertrud Jonas posierte im Jahre 1916 im Festtagskleid beim Fotografen.

Die Geschwister Heinz, Jakob und Anna Engelen stellten sich im Jahre 1921 für den Fotografen auf.

Die Kinder des Ortspolizisten Hermann Meier präsentierten sich im Jahre 1936 mit Spielgefährten am DIXI-Pkw.

Nach dem Spielen im Garten Oepen in der Kirchgasse stellten sich die Kinder Sibille Jansen, Hubertine Rockstroh, Hans Willi Meisen, Maria Jansen, Willi Oepen und Käthe Hackhausen zum Gruppenfoto auf.

Die Geschwister Cilli und Lenchen Etzbach auf einem Foto aus dem Jahre 1904.

Christine Post mit ihren Eltern Jean und Margarete und ihren Brüdern Franz und Paul im Jahre 1928.

In seinem Alter durfte Arnold Heyer im Jahre 1950 nur auf einem standfesten Vespa-Roller Platz nehmen.

Auch Walter Niederklapfer durfte im Jahre 1953 den Kabinenroller noch nicht fahren.

Anni Schönau mit ihren Spielgefährtinnen Christel Landmann, Marga Schönau und Trude Mertens im Jahre 1957.

Elisabeth Embgen im Jahre 1940 auf der Wiese am Zilckens Pool.

Der Kindergarten, der vom Orden der Franziskanerinnen aus Salzkotten geleitet wurde, war im Kloster an der Schulstraße untergebracht. Das Foto mit Schwester Menichna entstand im Jahre 1931 im Klostergarten.

Im gleichen Jahr posierte Schwester Menichna mit einer anderen Kindergartengruppe im Hof des Klosters.

Schülerinnen und Schüler der Volksschule Morschenich im Jahre 1909 mit Pfarrer Franz Josef Mertens und der Lehrerin Frau Weber vor dem Schulgebäude. Damals wurden noch mehrere Jahrgänge zusammen in einem Klassenraum unterrichtet.

In dieser Schulklasse aus dem Jahre 1920 wurden Mädchen der Jahrgänge 1909 bis 1910 von der Lehrerin Petronella Becker unterrichtet.

Der erste Schultag begann für Sofia Bernards und Margret Werres im Jahre 1935 mit Schleifen im Haar und Zuckertüten in der Hand.

Maria Neulen als Schülerin der ersten Klasse im Jahre 1931.

Im Jahre 1927 stellten sich die Schüler aus Golzheim mit Pfarrer Matthias Hochscheid und Lehrer Evertz für den Fotografen auf.

Die Schulkinder des ersten und zweiten Schuljahres der Merzenicher Volksschule und ihre Lehrerin Frau Hammer präsentierten sich 1930 im alten Schulgebäude dem Fotografen.

Arnold Maaßen bei seiner Einschulung 1936 mit kurzer Hose und Baskenmütze. Wie damals üblich, hängen Schwämmchen und Wischtuch aus seinem Schulranzen.

Im Jahre 1937 organisierten die Lehrerin Krugmann und der Lehrer Bertrand für die Klassen fünf bis acht einen Ausflug mit dem Bus.

Bei herrlichem Sonnenschein begann 1954 für Marie-Jose Graß ...

... und Monika Klosterhafen der erste Schultag.

Ernste Gesichter machten die Mädchen und Jungen aus Morschenich bei ihrer Einschulung im Jahre 1965.

Dagegen schauten die Kinder aus Golzheim an ihrem ersten Schultag im Jahre 1957 deutlich fröhlicher drein. Sie schienen sich auf die Schule zu freuen.

5

Vereinsleben

Die Riege des Turnvereins Golzheim, gegründet 1885, zeigte sich im Jahre 1912 mit Siegerkränzen. Sie bestand aus den Turnern Arnold Lichtschläger, Ignaz Förster, Martin Kirsch, Jakob Kirsch, Heinrich Förster, Wilhelm Bodden und Theodor Lützeler.

Fast eine ganze Mannschaft des SC 1919 Merzenich bestand allein aus Mitgliedern der Familie Heidbüchel, betreut wurde sie vom Vater Wilhelm Heidbüchel.

Eine Mannschaft des F.C. Golzheim nahm im Jahre 1963 vor einem Auswärtsspiel in Düren Aufstellung.

Die Mannschaft des SV Morschenich im Jahre 1950 mit Franz Reimer, Stanislaus Geremek und Hermann Latten u.a.

Beim FC Rhenania Girbelsrath gab es die erste und einzige Damen-Fußballmannschaft in der Gemeinde Merzenich. Das Bild entstand um 1970.

In den für die Zeit um 1930 typischen Kostümen traf man sich zum Karneval.

Das Tanzpaar Hubertine Fitzke und Hermann Kirsch von der Golzheimer Karnevalsgesellschaft „Mir hahle Poohl" im Jahre 1953.

An den Karnevalsumzügen beteiligten sich auch die Ortsvereine. Hier ist der Turnverein Golzheim im Jahre 1950 mit einem Motivwagen auf der Aachener Straße zu sehen.

Auch diese Gruppe beteiligte sich mit einem Motivwagen am Karnevalsumzug in Golzheim.

Der Aufbau auf diesem Karnevalswagen bestand aus einem überdimensionalen Weinglas; darin verbrachten Jakob Klosterhalfen, Maria Förster und Christel Keppler den Festumzug.

Der Prinzenwagen von 1953 mit Karnevalsprinz Karl Michael I. und Prinzessin Gerta I. auf der Dürener Straße in Merzenich.

Maria Weingartz verkleidete sich zum Karneval 1929 als Eiserner Gustav. Der Droschkenkutscher war zu dieser Zeit eine Legende.

Verkleidet als Piraten beteiligten sich die Mitglieder des Radfahrclubs Merzenich im Jahre 1950 am Karnevalsumzug.

Bei einer Karnevalssitzung im Jahre 1951 saßen am Elferratstisch Wilhelm Braun, Franz Jonas und Hans Floßdorf. Hinter ihnen standen Margarethe Baumgarten und Wilhelmine Braun.

Im darauffolgenden Jahr wurde Franz Jonas vom Karnevalsprinzen Josef Winter, der von seiner Ehefrau Wilhelmine begleitet wurde, begrüßt.

Eine beliebte Freizeitbeschäftigung war das Kegeln. Der Höhepunkt eines jeden Jahres war die gemeinsame Kegeltour. Im Jahre 1955 führte die Tour des Kegelclubs Morschenich nach Bad Ems.

Der Festumzug anlässlich der Kirmes in Girbelsrath wurde 1960 von einem Eselsgespann ange-führt.

Am Festumzug zur Kirmes in Girbelsrath nahmen 1951 unter anderem der Karnevalsverein und der Fußballklub teil.

Die Männer der Feuerwehr Girbelsrath nahmen 1929 an einem Festzug in Merzenich teil. Brandmeister Heinrich Schiffer aus Merzenich und Brandmeister Wilhelm Neulen aus Girbelsrath führten diesen Zug an.

Eine Mannschaft der Feuerwehr Merzenich präsentierte sich im Jahre 1954 vor einem Löschwagen dem Fotografen.

Im Jahre 1970 feierte die Feuerwehr Merzenich ihr 60-jähriges Bestehen. Dies war natürlich ein Anlass für eindrucksvolle Feierlichkeiten, zu denen auch ein Festumzug gehörte. Diese Gruppe nahm in historischen Uniformen und mit einer alten Feuerwehrspritze am Festzug teil.

Die Maigesellschaft Morschenich feierte im Jahre 1950 ihr 25-jähriges Bestehen. Das Maikönigs-paar Sibylla Rhode und Michael Moritz führte den Festumzug durch den Ort an.

Vor dem Maikönigspaar gingen die Blumenkinder Sibylle Moritz, Maria Mohr und Magdalena Dahl.

Zum 25-jährigen Bestehen der Maigesellschaft Morschenich nahm die Festgesellschaft auf der Treppe zur Kirche die Parade ab.

Im Jahre 1965 feierte die Maigesellschaft ihr 40-jähriges Bestehen. An den Feierlichkeiten nahmen auch das Maikönigspaar aus dem Gründungsjahr 1925, Margarethe Rhode und Eberhard Kaiser, sowie Heinrich Meuser und Johann Meyer teil.

Der Festumzug zum Schützenfest 1920 in Merzenich wurde von zwei berittenen Schützen angeführt. Rechts sieht man das Schuhgeschäft Pohl und das Haus des Anstreichers Ramacher. Im Hintergrund ist der Turm der alten Kirche zu erkennen.

Diese Aufnahme zeigt den Schützenfestumzug im Jahre 1950 auf der Lindenstraße vor den Häusern Heidbüchel und Vaassen, die heute nicht mehr stehen.

Hier präsentierten sich die Schützen aus Golzheim im Jahre 1925 auf dem Schützenplatz unter der alten Ulme.

Sieben Jahre später stellten sich der Schützenkönig Michael Floß und sein gesamtes Gefolge zum Gruppenfoto auf.

Im Jahre 1935 nahm der Schützenkönig Matthias Schlang mit seiner Tochter Leni an der Ecke Lindenstraße und Bergstraße die Parade ab.

Das Schützenkönigspaar Peter und Anna Rütten wartete mit den Ehrengästen auf der Treppe zur Kirche auf die Parade.

Schützenkönig Josef Gooßens und seine Schwiegertochter Otti nahmen zusammen mit Amtsdirektor Becking und Pfarrer Winkhold 1954 in einer Kutsche am Schützenfestumzug in Merzenich teil.

Im Jahre 1958 feierte die Schützenbruderschaft Morschenich ihr 500-jähriges Bestehen. Das eindrucksvolle Schützensilber trug Schützenkönig Heinrich Pohl, der von seiner Ehefrau Elisabeth begleitet wurde. Links neben ihr sieht man Pfarrer Hubert Frembgens.

Der Höhepunkt eines jedes Schützenfestes ist der Königsball. Im Jahre 1965 wurde Wilhelm Dederichs Schützenkönig.

Ein Jahr später beendeten Wilhelm Dederichs und seine Frau Lisa ihr Schützenkönigsjahr. Zum neuen Königspaar wurden Heinrich Schmitz und seine Frau Josefa proklamiert.

Die Schützen aus Morschenich nahmen regelmäßig am Schützenfestumzug in Golzheim teil, wie hier im Jahre 1964.

Hinter den Offizieren marschierten die übrigen Mitglieder der Schützenbruderschaft Morschenich im schwarzen Anzug und mit Zylinder.

Bei der Vereinsmeisterschaft der Jungschützen Merzenich im Jahre 1960 waren auch der Schützenkönig Heinrich Pingen und Vorstandsmitglieder zugegen.

Nachdem dem Präses der Schützenbruderschaft anlässlich des Schützenfestes 1966 ein Ständchen gebracht worden war, warteten die Schützen auf den Abmarsch.

Die beiden Mitglieder des Radfahrclubs Merzenich, Philipp Bläser und Josef Lüssem, posierten im Jahre 1922 mit ihren Fahrrädern.

Einige Jahre später stellten sich die Klubmitglieder Anton und Willi Heyne dem Fotografen.

Im Jahre 1951 beteiligte sich der Radfahrclub „Gute Fahrt Merzenich 1920" mit geschmückten Rädern und Standarte am Schützenfestumzug auf der Lindenstraße. Im Hintergrund sind die Häuser Blatzheim, Mohren und Körffer zu sehen.

Inzwischen war der Umzug auf der Dürener Straße an der Ecke Kammweg angekommen. Im Hintergrund sieht man das Haus Schall.

Die jugendlichen Mitglieder des Radfahrclubs Merzenich trafen sich im Jahre 1955 zur Teilnahme an einem Festzug. Im Hintergrund ist die Pützstraße, heute Rosenstraße, zu sehen.

Die Gruppe des Radfahrclubs Merzenich auf der Dürener Straße in Höhe der Gartenstraße.

BÜCHER AUS IHRER REGION

Düren
Helmut Krebs
ISBN: 978-3-89702-147-1 | 16,90 € [D]

Zeitsprünge Düren
Helmut Krebs
ISBN: 978-3-89702-565-3 | 17,90 € [D]

Aachen. Rundgänge durch die Geschichte
Stadtbekannt & Co. Aachen e.V.
ISBN: 978-3-86680-503-3 | 14,90 € [D]

Zeitsprünge Herzogenrath
Stadt Herzogenrath
ISBN: 978-3-89702-818-0 | 17,90 € [D]

**Immerwährender Eifeler Bauern-
und Hauskalender**
Joachim Schröder
ISBN: 978-3-86680-375-6 | 22,90 € [D]

Weitere Bücher aus Ihrer Region finden Sie unter:
www.suttonverlag.de

Wir machen Geschichte